U0101576

史略卷三

東觀漢記

《東觀漢記》百四十三卷，起光武記注，至靈帝，長水校尉劉珍等撰。按《後漢書·文苑傳》：劉珍，字秋卿，永初中，鄧太后詔使典校書劉騊駼、馬融及五經博士，校定東觀《五經》、諸子傳記、百家藝術，整齊脱誤，是正文字。永寧元年，太后又詔珍與劉騊駼作建武以來名臣傳。李尤，字伯仁，安帝時，受詔與謁者僕射劉珍等俱撰《漢記》。又按《顯宗起居注》，明德皇后自撰。漢之后宫好文通史有如此者。其後有《後漢記》一百卷，晋散騎常侍薛瑩所撰，當本諸此。永元十三年正月丁丑，和帝幸東觀，覽書林，閲篇籍，博選藝術之士充其官。《洛陽宫殿名》

曰：『南宫有東觀。』永初中，學者稱東觀爲老氏藏室，道家蓬萊山。太僕鄧康薦竇章入東觀。靈帝詔圖高彪象於東觀。

入東觀人

劉　珍　劉騊駼　馬　融　蔡　邕

張　衡　曹　褒　黄　香　李　尤

楊　彪　馬日磾　盧　植

劉知幾曰：『後漢東觀，大集群儒，而著述無主，條章靡立。伯度譏其不實，公理以爲可焚，張、蔡二子糾之於當代，傅、范二家嗤之於後葉。』

漢記中鄧禹傳

序曰：賢駿思聖主，風雲從龍武，自然之應也。鄧禹以弱冠睹廢興

之兆，羸糧策馬，以追世祖，遂信竹帛之願，建社稷之謀，襲蕭何之爵位，可謂材難矣。受命之初，躬率六師，中興治定，勒號泰山。聖上繼體，立師傅，位三公，功德之極，而禹兼之。《易》稱「利見大人」，《詩》有「自求多福」，其禹之謂與？

漢記中吴漢傳

序曰：自古异代之忠，其詳不可得聞也已。近觀大漢高祖、世祖受命之會，建功垂名之忠，察其屈伸，固非鄉舉里選所能拔也。吴漢起鄉亭，由逆旅，假階韓鴻，發策彭寵，然後遇乎聖王。把旄杖鉞，佐平諸夏，東征海嵎，北臨塞漠，西踰隴山，南平巴蜀。遂斬公孫述、延岑、劉永、董憲之首，斯其跨制州域，竊號帝王，章章可數者，慓起糜沸之徒，其所灑掃衆矣。天下既定，將帥論功，吴公爲大。覽其戰剋行事，無知名，無勇功，令合於孫、吴，何者？建武之行師，計出於主心，勝決廟堂，將帥咸承璽書，倚威靈，以治剋亂，以智取愚，其勢然也。及漢持盈守位，勞謙小心，俱以終始，勒功帝佐，同名上古，盛矣哉。

右劉知幾大譏《漢記》，述前人之言，以爲可焚可嗤。其對蕭至忠有曰：「古之國史，皆出一家，未嘗藉功於衆。惟後漢東觀，集群儒纂述，人人自爲政、駿。」其言盡之矣。今姑録二序於前。夫張衡、蔡邕豈不以辭筆自騁？而所序者如此，是可與班、馬抗敷！

歷代春秋

《戰國春秋》二十卷。

趙曄《吴越春秋》十二卷。又有楊方《吴越春秋削繁》五卷。皇甫遵《吴越春秋傳》十卷。

陸賈《楚漢春秋》九卷。

司馬彪《九州春秋》十卷。記漢末事。又有《九州春秋抄》一卷，劉孝標注。

袁曄《漢獻帝春秋》十卷。　孔衍《漢春秋》十卷。

孔衍《後漢春秋》六卷。　孔舒元《漢魏春秋》九卷。

孫盛《魏氏春秋》二十卷。又有《魏陽秋異同》，八卷，孫壽撰。

貟半千《三國春秋》三十卷。

崔良輔《三國春秋》卷亡。深州安平人。日用從子，居白鹿山，門人謚曰貞文。

習鑿齒《漢晉陽秋》晉滎陽大守，字彥威，襄陽人。博學洽聞，以文筆著。

孫盛《晉陽秋》三十二卷，訖哀帝。盛著《魏氏春秋》、《晉陽秋》，詞直而理正，咸稱良史焉。字安國，太原人。

檀道鸞《續晉陽秋》二十卷。宋永嘉太守。

王韶之《晉陽秋》韶之，琅琊臨沂人也。私撰《晉陽秋》，成時，人謂之宜居史職，即除著作郎，使續後事，訖義熙九年。善敘事，辭論可觀，爲後世佳史。

杜延篤《晉春秋略》二十卷。唐人。　王琰《宋春秋》二十卷。梁吳興令。

鮑衡卿《宋春秋》二十卷。　吳均《齊春秋》三十卷。

臧嚴《栖鳳春秋》五卷。　吳兢《唐春秋》三十卷。

韋述《唐春秋》三十卷。　陸長源《唐春秋》六十卷。

尹洙《五代春秋》二卷。　崔鴻《三十國春秋》百二十卷。魏人。

《十六國春秋略》二卷。

蕭方《三十國春秋》三十卷，漢中元、建安，訖晉元熙，凡一百花五十六年，以晉爲主，包吳孫、劉元海等三十國事。又有《三十國春秋鈔》二卷。

包胥《河洛春秋》安祿山、史思明事。　武敏之《三十國春秋》一百卷。

太史公作《史記》，最採《楚漢春秋》，意其論著環杰弘演，必有以合乎軌轍者。今得《楚漢春秋》讀之，不見其奇，試以一二言之。其一曰：沛公閉函谷關，無內項王。項王大將亞父至關，不得入，怒曰：『沛公欲反。』即令家發薪策，欲燒關，關門乃開。其一曰：項王在鴻門，

亞父諫曰：『吾使人望沛公，其氣衝天，五色相糾，或似雲，或似龍，或似人，此非人臣之象也，不若殺之。』其一曰：上南攻宛，匿旌旗，人銜枚，馬束舌，鷄未鳴，已圍宛城三匝。其一曰：上過陳留，酈生求見。使者入通，方洗足，問如何人，曰：『狀類大儒。』上曰：『吾方以天下爲事，未暇見大儒也。』使者出告，麗生瞋目按劍，入言『高陽酒徒，非大儒也』。《楚漢春秋》所載僅如此，太史公所採，亦以漢初之事未有記載，故有取於此乎？至習鑿齒、孫盛、檀道鸞作《魏晉春秋》，意義閎達，辭采清雋，斯亦一代之奇著。桓温見盛《春秋》，怒謂盛子曰：『枋頭誠爲失利，何至乃如尊君所説？』其子遽拜，請删定，諸子號泣，請爲百口計，盛怒不許，諸子自改定之。盛乃書兩本，寄於慕容雋。泰元中，孝武帝博求异聞，殆於遼東得之，以相參校，多有不同。時温既覬覦非望，鑿齒著《漢晉春秋》以裁正之，起光武，終於晉愍帝。三國之時，蜀以宗室爲正，魏武雖受漢禪，尚爲篡逆，文帝平蜀，乃漢亡而晉始興焉。二子之作，嚴且正矣。善乎！唐史臣之言曰：『丘明既殁，班、馬迭興。自斯以降，分明競爽。』此之謂乎？陽秋者，避晉太后家諱，故曰陽秋。

歷代紀

荀悦《漢紀》三十卷。後漢獻帝好典籍，常以班固《漢書》文繁難省，乃令悦依《左氏傳》體，爲《漢紀》三十篇，辭約事詳，論辨多美。其序云：『立典有五志焉：一曰達道義，二曰法章式，三曰通古今，四曰著功勛，五曰表賢能。於是天人之際，事物之宜，粲然顯著，罔不備矣。漢四百有六載，撥亂反正，統武興文，永惟祖宗之洪業，思光啓乎萬嗣。聖上穆然，惟文之恤，瞻前顧後，是紹是繼，闡崇大猷，命立國典。於是綴叙舊書，以述《漢紀》。中興以前明主賢臣得失之勢，亦足以觀矣。』（《荀悦傳》。）應劭注荀悦《漢紀》三十卷。唐李大亮爲凉州都督，表諫求鷹，太宗報書，賜荀悦《漢紀》曰：『悦論議深博，極爲政之體，公其繹味之。』

袁宏《後漢紀》三十卷。字彦伯，自吏部郎爲東陽太守，有逸才，文章絶美。

張璠《後漢紀》三十卷。

劉艾《漢靈獻二帝紀》六卷。

環濟《吴紀》十卷。晋太學博士。

陸機《晉紀》四卷。字士衡，晉平原内史，天才秀逸，辭藻宏麗。葛洪稱其文宏麗妍贍，英鋭漂逸，亦一代之絶乎。

鄧粲《晉紀》十一卷，訖明帝。晉荆州别駕。其傳云：『著《元明紀》十篇。』《晉史》曰：『鄧粲、謝沉祖述前史，奇辭异義，罕見稱焉。』

干寶《晉紀》二十卷，自宣帝訖愍帝五十三年。其書簡略，直而能婉，咸稱良史。干寶著《晉論》二千七百一十有七言，載於《晉史》者一千八百八十有五言，載於《通鑒》者七百二十有四言，可以爲殳夷煩亂，翦截浮辭之法。

曹嘉之《晉紀》十卷。晉前軍諮議。　劉璨《晉紀》《世説》注。

劉謙之《晉紀》二十五卷。宋中散大夫。

王韶之《晉紀》十卷。宋吴興太守，字休泰，琅琊人，善叙事，辭論可觀，爲後代佳史。

徐廣《晉紀》四十五卷。宋中散大夫，侍中邈之弟。世好學，至廣尤精純，百家數術，無不研究。尚書奏有造《中興記》者，焕乎史策，宜敕著作郎徐廣撰成國史。於是廣勒成《晉紀》，凡四十六卷，表上之。

郭季産《續晉紀》五卷。宋新興太守。　王知深《宋紀》三十卷。

沈約《齊紀》十卷。　蕭韶《梁太清紀》十卷。梁長沙王。

《梁末代紀》一卷。　《梁帝紀》七卷。

《梁皇帝紀》七卷。　盧彦卿《後魏紀》三十卷。

崔彦發《北齊紀》三十卷。　陳彭年《唐紀》四十卷。本朝人。

皇甫湜謂：『荀氏《漢紀》，强欲復古，以爲編年，然其善語嘉話，細事詳政，多所遺矣。』予以爲不然。此書專爲正史繁博而作，辭約則事必省，事省則史必精，編年之體，難乎其詳且細矣。王通氏曰：『荀悦史乎！』是蓋知悦者矣。而杜預尤爲善言史者，有謂『史之舊章，從而修之』。故曰約史記而修《春秋》，殆此意歟？自悦而後，紀凡二十有一家，往往取則於荀氏。如陸機、鄧粲、徐廣、沈約數家，殊爲精核。而家家有史，人人載筆，難乎其考矣。隋史氏以爲『史官廢絶久矣。魏晉以來，其道愈替。南、董之位，以禄貴遜，正、駿之司，罕因才授。故梁

世諺曰：「上車不落則著作，體中何如則秘書。」尸素之儔，盱衡延閣之上；立言之士，揮翰蓬茨之下。一代之記，至數十家，傳説不同，聞見舛駁』，此之謂歟？

二

張璠《漢紀》曰：范孟博滂爲功曹，辟公府掾，升車攬轡，有澄清天下之志。百城聞滂高名，皆解印綬去。又曰：不畏强禦陳仲舉，天下模楷李元禮。鄧粲《晋紀》曰：劉子驥驎之少尚質素，虚退寡欲，好游山澤，志尚遁逸。又曰：王平子澄放曠不拘，時謂之達。又曰：王處仲性簡脱，口不言財，其操尚如此。又曰：王導協贊中興，敦有方面之功。又曰：裴遐以辯論爲業，善叙名理，辭氣清暢，泠然若琴瑟。按《晋諸公贊》，遐字叔道，河東人，少有理稱，辟散騎郎。又按《永嘉流人名》三，夷甫以第四女適之。曹嘉之《晋紀》曰：荀勖爲中書監，令尚同車。至和嶠爲

令，而勖爲監。嶠意强抗，專車而坐，乃使監、令异車，自此始。劉謙之《晋紀》曰：王獻之性甚整峻，不交非類。又曰：桓玄欲復武賁中郎將，疑應直與不，訪之僚佐，咸莫能定。參軍劉簡之對曰：『潘岳《秋興賦》序云：「余兼武賁中郎將，寓直於散騎之省。」以此言之，是應直也。』玄歡然從之。徐廣《晋紀》曰：劉遵祖爰之少有才學，能言理。又曰：殷浩清言，妙辯玄致，當時名流皆爲其美譽。又曰：凡稱風流者，皆舉王、劉爲宗焉。劉真長、王仲祖。庾道季龢，太尉亮子也，風情率悟，以文談致稱於時。又曰：王導阿衡之世，經綸夷儉，政務寬恕，事從簡易，故垂遺愛之譽。以上諸史，學者所未見，故爲概舉一二，庶知其筆墨焉。

實録

六朝實録

梁實録

《梁皇帝實録》周興嗣撰。　《梁皇帝實録》謝昊撰。

《梁太清實録》

唐實録

《唐六典》曰：「史官掌修國史，凡天地日月之祥，山川封域之分，昭穆繼代之序，禮樂師旅之事，誅賞興廢之政，皆本於起居注，以爲實録。」

《高祖實録》許敬宗、敬播撰。褚遂良讀之於前，太宗感動流涕。　《太宗實録》元曰《今上實録》，敬播、顔徵撰。

《貞觀實録》長孫無忌撰。　《高宗實録》許敬宗撰。

《高宗後實録》初令狐德棻撰，乾封中，劉知幾、吴兢續成。此再修者也。又有韋述所撰三十卷，武后所撰一百卷。

《則天實録》魏元忠、武三思、祝欽明、徐彦伯、柳冲、韋承慶、崔融、岑羲、徐堅撰，劉知幾、吴兢删正。又有宗秦客《聖母神皇實録》。

《中宗實録》吴兢撰。　《太上皇實録》劉知幾撰。

《睿宗實録》吴兢撰。　《今上實録》張説、唐穎撰，次開元初事。

《開元實録》失撰人名。　《玄宗實録》令狐峘撰。

《肅宗實録》元載監修。　《代宗實録》令狐峘撰。

《建中實録》沈既濟撰。　《德宗實録》蔣乂、樊紳、林寶、韋處厚、獨孤鬱撰。

《順宗實録》韓愈、沈傳師、宇文籍撰。　《憲宗實録》沈傳師、鄭澣、宇文籍、蔣係、李漢、陳夷行、蘇景胤撰。

《穆宗實録》蘇景胤、王彦威、楊漢公、蘇滌、裴休撰。　《敬宗實録》陳商、鄭亞撰。

《文宗實録》盧耽、蔣偕、王渢、盧告、牛叢撰。偕三世修史，世稱良筆。其父乂，有史才。

《武宗實録》韋保衡撰。

五代實録

《梁太祖實録》三十卷梁郗象等撰。　《後唐獻祖紀年録》二卷

《後唐懿祖紀年録》一卷　《後唐太祖紀年録》十七卷

《後唐莊宗實録》三十卷後唐趙鳳、張昭遠等撰。獻祖、懿祖、太祖爲《紀年》，莊宗爲《實録》。

《後唐明宗實録》三十卷姚顗等撰。　《後唐廢帝實録》十七卷皇朝張昭、劉温叟撰。

《後唐明宗實錄》[illegible] 《後[illegible]實錄》[illegible]

《唐[illegible]宗實錄》三十卷 [illegible]

《後唐[illegible]祖紀年錄》一卷 《後唐太祖紀年錄》[illegible]

《梁太祖實錄》三十卷 《後唐[illegible]祖紀年錄》一卷

五代實錄

《武宗實錄》[illegible]

《文宗實錄》[illegible]

《憲宗實錄》[illegible] 《敬宗實錄》[illegible]

《順宗實錄》[illegible] 《穆宗實錄》[illegible]

《[illegible]宗實錄》[illegible] 《德宗實錄》[illegible]

《肅宗實錄》[illegible] 《代宗實錄》[illegible]

史部 卷三 [illegible]

《則天實錄》[illegible] 《玄宗實錄》[illegible]

《睿宗實錄》[illegible] 《今上實錄》[illegible]

《中宗實錄》[illegible] 《太上皇實錄》[illegible]

《則天實錄》[illegible]

《高宗後修實錄》[illegible]

《貞觀實錄》[illegible] 《高宗實錄》[illegible]

《高祖實錄》[illegible] 《太宗實錄》[illegible]

唐實錄

《梁[illegible]實錄》[illegible]

《[illegible]實錄》[illegible] 《[illegible]實錄》[illegible]

梁實錄

《後唐愍帝實録》三卷 張昭等撰。　《晋高祖實録》三十卷 漢竇正固、賈緯等撰。

《晋少帝實録》二十卷 竇正固等撰。　《漢高祖實録》二十卷 漢蘇逢吉等撰。

賈緯乾祐中受詔與王伸、竇儼修晋高祖、少帝、漢高祖三朝實録。緯以筆削爲己任，然而褒貶任情，記注不實。晋宰相桑維翰執政，嘗薄緯之爲人，不甚見禮，緯深銜之。及叙《維翰傳》，稱維翰身没之後，有白金八千鋌，他物稱是。翰林學士徐台符，緯邑人也，與緯相善。謂緯曰：『聞吾友書桑魏公白金之數，不亦多乎？』乃改爲白金數千鋌。書法如此，他可知矣。

《漢隱帝實録》十五卷 張昭等撰。　《周太祖實録》三十卷 張昭、劉温叟撰。

《周世宗實録》四十卷 皇朝王溥等撰。

實録之作，史之基也。史之所録，非藉此無所措其筆削矣。令狐峘修《玄宗實録》，號爲著述甚精。喪亂之餘，實録散失，纂開元、天寶間事，唯得諸家文集，編其詔册名臣傳記，十無三四，後人以漏略稱之。初至德二年，史官于休烈等奏，自經賊火，《國史》《實録》並無其本，合詔府縣搜訪，重加購賞，數月唯得書一二百卷。前史官韋述家藏《國史》一百十三卷，乃以送官，又僅若此。歐陽公、宋景文公受詔分撰唐史，一時有請，以爲唐自武宗後，並無實録，何所考訂，則實録有補於史可知矣。又如柳玭以下十五人，分修宣宗、懿宗、僖宗實録，踰年不能編録一字，是非難乎？歐公作《五代新史》，往往多據《建康實録》耳。先公預修神宗、哲宗、徽宗、欽宗四朝史，《高宗實録》。其史册散逸，記載疏略，尤有甚於令狐峘之時。分修志四，傳五十，實録，十年而訪搜訂載，略不少恨。其有分《秦檜傳》者，筆不得下，今《檜傳》僅數葉而已。似孫。乃

爲纂修《檜傳》，極爲精核。史館移牒取索，不欲録報也。

二

顯慶中，高宗以許敬宗撰《太宗實録》，所紀多非實，謂劉仁軌曰：「朕觀國史所書，多不周悉，卿等必須窮微索隱，原始要終，盛業鴻勛，咸使詳備。」憲宗遍讀列聖實録，見貞觀、開元故事，竦慕不能釋卷，謂宰臣曰：「太宗之創業如此，玄宗之致理如此，我讀國史，始知萬倍不如焉。」文宗嘗曰：「《順宗實録》似未詳實，史官韓愈不是當時屈人否？」李石曰：「韓愈貞元末爲四門博士。」上曰：「司馬遷《與任安書》，全是怨望，所以《漢武本紀》事多不實。」鄭覃曰：「《漢武中年後，大發戎馬，拓土開邊，生人耗竭，本記所述，亦非過言。」初愈撰《順宗實録》，説禁中事頗切直，内官惡之，往往於上前言其不實，累朝有詔改修。及修《憲宗實録》，文宗復令改正永貞間事迹。隨奏：「乞條示舊記最錯誤者，委史官條定。」乃詔刊去《實録》中所書德宗、順宗朝禁中事，其他不要更修。按愈《進順宗實録表》曰：「監修李吉甫授臣以前史官韋處厚所撰《先帝實録》三卷，云未周悉，令臣重修。臣與修撰左拾遺沈傳師、直館咸陽尉宇文籍等共加採訪修成，削去常事，著其繫於政者，比之舊録，十益六七，忠良奸佞，莫不備書。」觀此則内官所惡者在是矣。又云：「沈傳師等採事，得於傳聞，致有差誤。聖明無遺，恕臣不逮，重令刊正，今並添改訖。其奉天功烈，更加尋訪，已據所聞，載於首卷。」愈秉史筆，而所言云爾，嗚呼難哉！唐史筆所修，往往視其人之才否。至於高宗、文宗，尚能知所刊整，其視委成史氏無所考擇者，固有間矣。

起居注

漢一

《獻帝起居注》

晋十六

《秦始起居注》　《咸寧起居注》

《建武大興永昌起居注》　《咸和起居注》

《泰康起居注》　《元康起居注》

《咸康起居注》《建元起居注》

《永和起居注》《升平起居注》

《太元起居注》《崇寧起居注》

《晋起居注》《流別起居注》

《晋宗起居注》《晋起居注鈔》

宋七 《永初起居注》《景平起居注》

《元嘉起居注》《孝建起居注》

《大明起居注》《泰始起居注》

《泰豫起居注》

齊一 《永明起居注》

梁一 《大同起居注》

陳四 《永定起居注》《天嘉起居注》

《天康光大起居注》《至德起居注》

後魏一 《起居注》

隋一 《開皇起居注》

唐二 《大唐創業起居注》《開元起居注》

漢武帝有《禁中起居注》，明德馬后自撰《顯宗起居注》，后削去兄防參醫藥事，章帝請曰：『黄門舅日夕供養且一年，既無褒异，又不録勤勞，無乃過乎？』太后曰：『吾不欲後代聞先帝數親後宫之家，故不録也。』漢有起居注久矣，不止獻帝也。漢時起居注似在宫中，爲女史之職。蓋周内史所記，王命之副也。梁吴均欲撰《齊書》，求借《齊起居注》及群臣行狀，武帝弗許，遂私撰奏之。是知記注之作，有補於史。太宗謂褚遂良曰：『卿知《起居注》可得見否？』遂良以爲不聞帝王躬自觀史。正元中，上問趙憬《起居注》所記何事，憬言：『國朝自永徽以後，起居唯得對仗

承旨，仗下後謀議，皆不得聞。其日注記，但出於已行制敕內操録，更無他事。長壽中姚璹知政事，以爲親承謨訓，若不宣自宰相，史官無由得知，遂請仗下後所言軍國政要，宰相專知撰録，號《時政記》，李弘憲曰：『《時政記》者，姚璹修之於長壽，璹罷而寢。賈耽、齊抗修之於貞元，耽、抗罷而廢。』李德裕曰：『璹所撰《時政記》，厥後因循多闕，乞依故事，知印宰相撰録，歲末送史館。』杜牧曰：『舊例宰臣於閤內及延英奏事，知印宰臣盡書送史館，名《時政記》。但記示己之辭，或忘同列之對，獻替之説，史册不詳。欲乞人自爲記，共成一編，必無遺漏。』觀唐諸公之言如此，則記亦非詳且核矣。月送史館，無何，此事又廢。』上曰：『君舉必書，義存勸戒，宜依故事爲之。』李德裕言：『延英奏事後，向外傳説，三事猶兩事虛謬。豈有《起居注》，皆三二年後，採於傳聞，耳目已隔，固非實事。宜如故事，每季送史館。如軍國大政，傳聞疑誤，許於政事堂見宰相，臨時酌量。如事已施行，非關機密者，並一一言説所异，書事信實，免有傳疑。』按興慶宮有《起居注》并餘書三千六百卷，則《起居注》不爲不詳矣。

唐左右史螭坳書事

唐制朝日，左右史分立赤墀之下丹，淹泥，以塗殿墀。郎左，舍人右。李肇《國史補》曰：『兩省謔起居爲螭頭，以其立近石螭也。』《鄭覃傳》曰：『記注操筆在赤墀下。』《張次宗傳》：『文宗始詔左右史立螭頭下。』韋絢初除右史中，謝，置筆札於玉階欄循之石，趨而書辭拜舞。絢《嘉話》。《唐志》曰：『宣政殿朝日，殿上設黼扆、躡席、熏爐、香案，而宰相兩省對班於香案前。』則是香案自在殿上，向之，兩省對班而直。案前者，乃從殿下準望而言，非夾立香案左右也。又按，王仁裕入洛，過長安，見含元殿前玉階三級。第一級可高丈許，每間引出一石螭頭，東西鱗次。第二、第三級各高五尺，蓮花石頂。階兩面龍尾道，各六七十步，方達第一級。而宣政殿紫宸螭頭，雖不明載，然據《唐志》：『御正殿，則起居郎、舍

人分左右立，有命則俯陛以聽，退而書之。正殿者，宣政也。』《志》又曰：『若仗在内閣，則夾香案，分立殿下第二螭首，和墨濡筆，皆即螭處。内閣者，紫宸也。』三殿皆有螭，於此可見。姚璹所謂延英奏事者，小殿也。

延英殿時政

《六典》言：『宣政殿西上閤門之左，即延英殿。上元二年，殿中當御座，生玉芝。』延英召對宰臣，始於代宗。時以苗晉卿年老，特御是殿，優禮也。陽城欲救陸贄，約拾遺王仲舒守延英殿閤上疏。其言守閤者，開延英以受其對也。錢希白《南部新書》記唐制，内有公事，即開延英。《長安志》以延英在紫宸殿東。吕大臨《圖》引李庚《賦》曰：『東則延英耽耽。』又按《會要》：『元和十五年，詔於西上閤門西廊内開便門以通，宰臣自閤中至延英。』則延英不在紫宸之東矣。《會要》之説蓋與《六典》合。僖宗時，易延英爲靈芝，表芝瑞也。還自蜀，仍曰延英。正元七年，詔諸司官長，許對延英。德宗又詔，今後有陳，宜於延英請對。憲宗時，元稹爲拾遺，亦乞於延英訪問。自後諸州刺史又於延英陛辭。韓皋爲中丞，奏事紫宸殿，上曰：『我與卿言不盡，可來延英，與卿從容。』又天祐後，一旬三開延英。元和中，義武節度張茂昭舉族歸朝，故事雙日不坐，是日特開延英，亦禮之特。璹修《時政記》，請延英奏事宰臣，書送史館，其謂是歟？

時政記

永徽後，左右史唯對仗承旨，仗下謀議不得聞。武后以姚璹表尚符瑞，擢平章事，璹奏：『帝王謨訓，不可闕記，請仗下所言軍國政要，責

宰相自撰，號《時政記》，以授史官。」從之。時政有記，自璹始。大中六年，平章事裴休言：「宰相論政上前，知印者爲《時政記》，他議事有所闕，史氏莫得詳。請宰相人自爲記，付史官。」詔可。元和八年，上以《時政記》問於宰相，監修國史李吉甫對曰：「是宰相記天子事，以授史官之實録也。」上曰：「其間或修或不修，何也？」吉甫曰：「凡面奉德音，未及施行，樞機周密，固不可書以送史官。其間謀議有發自臣下者，又不可自書以付史官。及事已行者，制旨昭然，天下皆得聞知，即史官記之，不待書以授也。姚璹修於長壽，璹罷而事廢。賈耽修於正元，耽罷而事廢。」

唐曆

肅宗詔柳芳與韋述綴輯吴兢所撰國史，會述死，芳續成之。叙天寶後事，弃取不倫，史官病之。後坐事貶黔中，從高力士質開元、天寶及禁中事，仿編年法，爲《唐曆》四十篇，頗有异聞。然不立褒貶義例，爲諸儒譏訕。按《唐曆》起隋義寧元年，訖建中三年。又《續唐曆》二十二卷。又有《唐曆目録》一卷，唐崔令欽撰。其後又有《唐曆目録》一卷，《唐年曆》一卷，唐劉軻撰。《唐曆帝紀》一卷。又按前史有《吴曆》六卷，胡冲撰。《晋曆》二卷。《陳曆》二卷。《唐曆》蓋因乎此。芳字仲敷，河東人。

唐會要《五代會要》。《西漢會要》不知誰作，甚簡約。

唐蘇冕撰《唐會要》四十卷，起高祖，迄代宗。崔鉉撰《唐會要》四十卷，次德宗以來至大中間事。本朝王溥撰《唐會要》一百卷，起宣宗，至唐末，合蘇、崔二書，合爲百卷。溥又撰《五代會要》三十卷，起梁開

平，迄周末。

玉牒

《玉牒》見於唐，所以奠世繫，分宗譜也。開成中，李衢上《皇唐玉牒》一百一十卷。李又有《玉牒行樓》二卷。其在本朝志世繫之外，更爲一史，以紀大事。大事者，降誕、符瑞、即位、大臣除拜、大政事、大詔令也，是所謂大事必書者。其書一年一進。按建武三十二年，梁松等奏，求元封封禪故事，當用方石再累置壇中，用玉牒書藏方石。牒厚五寸，長尺三寸，廣五寸。有玉檢，又用石檢十枚，列於石傍，以告曰：『刻玉牒，書函藏金櫃，璽印封之。』又按唐麟德元年，有事岱宗，造三玉册，皆以金繩編玉牒爲之，刻玉填黄金爲字，又爲玉匱以藏。蓋太史公所曰『紬金匱石室之書』者也。韓昌黎有曰『功德鏤乎白玉之牒』，抑謂是歟？

今玉牒殿制度，《玉牒》以銷金羅爲紙書之，夾以銀梵葉。先太史在牒寺最久，乃得專修神宗一朝《玉牒》。事既事，則筆削不亂。唯神宗《國史》，有所謂朱墨本者，史之所載，殊多私意。先公是正，特爲精核，可以言史矣。

史略卷四

史典

王逸《齊典》五卷。　劉璠《梁典》三十卷。

何元之《梁典》三十卷。陳始興王諮議。　謝炅《梁典》三十卷。

元行冲《魏典》三十卷。記後魏事。唐人。　唐穎《稽典》一百三十卷。開元中，穎罷臨穎尉，上之，張説奏留史館修撰。

李延壽《太宗政典》三十卷。　王彦威《唐典》七十卷。

按何元之《梁典·高帝革命論》曰：『官自有梁，備觀成敗。昔因出軸，流寓齊都。窮愁著書，竊慕虞子。簡牘多闕，略不盡舉。』觀此則典之爲書，亦幾於紀，事省而辭約者也。

史表

《古今年表》一卷。　袁希之《漢表》十卷。

韓祐《續古今人物表》十一卷。開元十七年上，授太常寺太祝。

柳芳《唐宰相表》三卷。　陳繹《輔相表》十卷。皇宋。

《宰輔年表》載熙、豐間事。　《國朝年表》八卷。

太史公曰：『五帝、三代之記，尚矣。自殷以前諸侯不可得而譜，周以來乃頗可著。讀《春秋曆譜諜》，至周厲王，廢書而嘆。』則知載筆之嚴，莫嚴於譜諜。《世本》十五篇，古史官記黄帝以來，訖春秋，帝王、公、侯、卿大夫祖世之所出。表之作，其有據於此乎？善乎，班固之言曰：『綴續前記，究其本末。表舉大分，别而叙之。』表之爲義如此。

史略

張温《三史略》三十卷。　張緬《後漢略》二十五卷。

魚豢《魏略》五十卷。　杜延篤《晉春秋略》二十卷。

荀綽《晉後略》十一卷。　吉文甫《十五代略》十卷。起庖犧至晉。

裴子野《宋略》二十卷。　姚最《梁後略》十卷。

《梁承聖中興略》十卷。　丘悦《三國典略》二十卷。以關中、鄴都、江南爲三國，記南北朝事。

環濟《帝王要略》十二卷。紀帝王及天官、地理、喪服。　張太素《隋後略》十卷。

郭修《唐年統略》十二卷。　李吉甫《六代略》三十卷。

杜信《史略》三十卷。　趙毅《大業記略》三卷。唐人。

裴子野撰《史略》，其序事評論多善。沈約嘆其評論可與《過秦》《王命》分路揚鑣，是爲翦繁撮要之法。然諸子所録，并出意度，自成機杼，是難以概論。然有至略之法存焉，人特不着眼耳。《堯典》載曆象、治水、禪舜之事大矣，凡四百六十字。《舜典》載受禪、命官之事亦大矣，凡八百三十六字。《禹貢》載山川、貢賦、名物、水功之事尤大矣，凡一千二百八字，非略之至乎？

史鈔

葛洪《史記鈔》十五卷。　葛洪《漢書鈔》三十卷。

葛洪《後漢書鈔》三十卷。　《吴志鈔》一卷。

張緬《晉書鈔》三十卷。　《三十國春秋鈔》二卷。

《九州春秋鈔》一卷。劉孝標注。

又唐仲彦有《子鈔》，虞世南有《北堂書鈔》，皮日休有《鹿門書鈔》，唐人有《碎金鈔》，張九齡有《珠玉鈔》，蘇易簡有《文選鈔》。凡言鈔者，皆擷其英，獵其奇也，可爲觀書之法也。

史評

魚豢《魏略》 杜延業《晉春秋略》

荀綽《晉後略》 王文甫《十五代略》

裴子野《宋略》二十卷 姚康《[illegible]略》

《梁承聖中興略》十卷 丘悅《三國典略》二十卷

蕭[illegible]《[illegible]要略》 張大素《隋後略》十卷

[illegible]《[illegible]略》 李吉甫《六代略》

杜信《史略》 趙毅《大業略記》

[illegible]《[illegible]》，其[illegible]事辭[illegible]可[illegible]《通[illegible]》[illegible]

命《[illegible]》[illegible]，[illegible]法。然[illegible]十所[illegible]，并中意[illegible]，自成[illegible]

是非[illegible]論，然有不[illegible]之法存焉。人[illegible]不[illegible]《[illegible]典》[illegible]，[illegible]

[illegible]之事大[illegible]四百六十[illegible]《[illegible]典》載[illegible]之事亦大矣。凡

史部

卷四 五六

有二十六[illegible]，《[illegible]》[illegible]，[illegible]，[illegible]之事[illegible]。凡一十三

百八[illegible]二[illegible]

史鈔

[illegible]《[illegible]記[illegible]》 [illegible]《漢書[illegible]》

[illegible]《後漢書[illegible]》 《[illegible]》

[illegible]《晉書[illegible]》 《十國春秋[illegible]》

《[illegible]春秋[illegible]》

文[illegible]《[illegible]》，[illegible]有《[illegible]》，[illegible]有《[illegible]》

[illegible]《[illegible]》，[illegible]有《文選[illegible]》

[illegible]，[illegible]其[illegible]史，[illegible]書[illegible]

史評

王濤《三國志序評》三卷。晉人。　徐爰《三國志評》

二評蓋專爲三國所書，設是，固有可評者。司馬公作《通鑑》，遺書劉道原曰：『魏、吴、蜀、宋、齊、梁、陳、後魏、秦、夏、凉、燕、北齊、後周、五代諸國，地醜德齊，不能相一，名號鈞敵，本非君臣者，皆用列國之法。彼此抗衡，無所抑揚，没皆稱殂，王公稱卒，庶幾不誣事實，稍近至公。至於劉備雖承漢，族屬疏遠，不能紀其世數名字。亦猶宋高祖自稱楚元王後，李昇自稱吴王恪後，是非難明。今並同之列國，不得與漢光武、晉元帝爲例。』以温公之殊見絶識，而於此難決，是果難乎？習鑿齒作《漢晉春秋》，其言有曰：『桓温覬覦非望，乃著《漢晉春秋》以裁正之。起光武，終於晉愍帝。於三國之時，蜀以宗室爲正，魏武雖受漢禪，尚爲篡逆。至文帝平蜀，乃爲漢亡而晉始興焉。』其説如此，豈不快哉！

史贊

范曄《後漢書贊》十八卷。　范曄《後漢書論贊》五卷。

傅暢《晉諸公贊》二十二卷。

雜贊十六附

《上古以來聖賢高士贊》二卷。周續之。　《徐州先賢傳贊》九卷。劉義慶。

《會稽先賢傳》二卷。鍾離岫。　《陳留先賢傳贊》一卷。陳英宗。

《長沙舊傳贊》三卷。晉臨川王郎中劉彧。　《吴先賢贊》三卷。

《會稽太守像贊》二卷。賀氏。　《東陽朝堂像贊》一卷。晉太山大守留叔先。

《桂陽先賢畫贊》五卷。吴左中郎張勝。　《聖賢高士傳贊》三卷。嵇康。

《至人高士傳贊》二卷。孫綽。　《列仙傳贊》三卷。孫綽。

《六賢圖贊》二卷。唐李渤撰，前代夫婦俱隱者六人。　《孝子傳贊》三卷。王韶之。

《忠孝圖贊》二十卷。李襲譽。《凌烟功臣贊》并傳四十卷。蔣乂。

《唐十八學士贊》一卷。吕温。《烈女傳贊》一卷。繆襲。以上諸贊，辭多瑰杰，故録焉。

先太史嘗言：「歐陽公撰《新唐史》，紀、志皆脱稿，獨《太宗紀》贊難乎其爲工。既成，一夕夢神人，金甲持兵，琅乎問罪，以紀贊過乎措辭，蓋太宗也。公乃爲改作。」

又治平中，妙柬一時名人修《仁宗史》，以帝紀屬之李邦直，其所作贊，久不能成。一日出示諸公，曰：「竭平生之力，是效馬、班《漢文帝贊》，由今觀之，固有間矣。祇如兩《漢書》中大贊寧有幾？非不欲追抗太史公筆力，然其辭可琢，其氣格不可敵，况其下者乎？」

史草

蕭子顯《晉史草》三十卷。

予嘗觀楊文公史草，用竹紙細字，字清美，塗竄甚少，蓋造思之素者也。又觀歐陽公史草，闊行真字，殊有更易處，又一二紙，更易幾盡。又觀宋景文公史草，則佳紙闊行，筆史所書，其草乃兩傳，凡劉史之舊所易幾盡。今以新傳比舊傳，則一時群臣奏疏，往往竄改，所存不一二。又觀司馬公《通鑒》草紙，闊狹不侔，有翦爲數寸，闊者兩面密書，時有塗改處，字尤端楷。觀此則想象蕭公史草，令人精神飛越，恨不一披元筆。

二

古人制作，不祇遺辭合理，而一字之施，有不可易者。景文公修《唐書》，《韓文公傳》全載《進學解》《諫佛骨表》《潮州謝上表》《祝鱷魚文》，殊不甚竄改。於《進學解》頗易數字。以「招諸生」爲「召」字，「障

百川而東之』爲『停』字，『跋前疐後』爲『躓』字。韓公本用《狼跋》詩語，非躓也。其他以『爬羅剔抉』爲『把羅』，『焚膏油』爲『燒』，以『取敗幾時』爲『其敗』。《吴元濟傳》書《平淮西碑》文千六百六十字，固有他本不同，然才减節，輒不穩當。『明年平夏』一句悉芟之，『平蜀西川』減『西川』字，『非郊廟祠祀，其無用樂』減『祠』『其』兩字。『皇帝以命臣愈，臣愈再拜稽首』減下『臣』字，『汝其以節都統討軍』以『討』爲『諸』，討者如《左傳》討軍實之義，若云諸軍恐非奇。《柳子厚傳》載《與蕭俛、許孟容書》《正符》《懲咎賦》四篇。《孟容書》氣義步武，全與漢揚惲《答孫會宗書》相似。《正符》仿班孟堅《典引》。而其四者次序或失之，至云：『宗元不得召，内閔悼，作賦自儆。』然其語曰：『逾再歲之寒暑。』則責居日月未爲久，難以言不得召也。《資治通鑒》但載《梓人》及《郭橐駞傳》，以爲其文之有理者，其識見取捨固有在云。

史例

顔師古《注漢書例》一卷。 劉餗《史例》三卷。

《沂公史例》一卷。田宏正客。 《金馬統例》一卷。

吕夏卿《唐書新例》一卷。 司馬公《通鑒前例》一卷。

善言史例，無若杜征南。然古之爲例簡，而後之爲例詳。不止是也，事有出於常事之表，則創例亦新，用志亦艱矣，神而明之者，史乎！

史目

唐楊松珍撰《史目》，唐宗諫撰《十三代史目》，唐孫玉汝撰《唐列聖實録目》。其後作史目者準此。《隋志》所謂『古史官既司典籍，蓋有目，以爲綱紀』。是亦史之綱紀也。

通史

梁武帝《通史》六百二卷。

按《通史》上自三皇，迄梁，全用編年法。

李延壽《南史》八十卷。　李延壽《北史》一百卷。

唐李延壽父太師，多識前世舊事，常以宋、齊、周、隋天下參隔，南方謂北爲索虜，北方指南爲島夷，其史於本國詳，他國略，往往訾美失傳。思所以改正，擬《春秋》編年，刊究南北事，未成而殁。延壽既數與論撰，所見益廣，乃追終先志，本魏登國元年，盡隋義寧二年，作本紀十二，列傳八十八，謂之《北史》；本宋永初元年，盡陳禎明三年，作本紀十，列傳七十，謂之《南史》。凡八代，合二書，百八十篇。其書頗有條理，删落釀辭，過本書遠甚。唐鄭暐作《史雋》十卷，亦記南北朝事，何及李氏史之精核？張伯玉又續《史雋》十卷。伯玉，唐人。

高峻《小史》一百卷。

峻，元和中人。著《小史》，初爲六十卷，餘卷乃其子迴釐益之。一以《太史公書》爲準，作漢諸臣、諸王世家，嚴整有律，是深於史者。

姚康復《統史》三百卷。

《統史》自開闢至隋末，用編年法纂帝王政事，凡詔令所下皆書，至於鹽鐵、榷糴、兵糧、邊事，無不該載，以及釋道燒煉妄求無驗者亦書之。

康，大中中爲太子詹事。

蕭肅《合史》二十卷。

蘇轍《古史》二十卷。皇朝。

太史公易編年之法，爲本紀、世家、列傳，記五帝、三王以來，後世

莫能易之。漢景、武之間，《尚書》古文、《詩》毛氏、《春秋》左氏皆不列於學宫，世能讀之者少，故其記堯舜三代之事，皆不得聖人之意。戰國之際，諸子辯士各自著書，或損增古事，以自信一時之説，遷一切信之，甚者或採世俗相傳之語，以易古文舊説。及秦焚書，戰國之史不傳於民間，幸而野史一二存者，遷亦未暇詳也。故其記戰國，有數年不書一事者。因遷之舊，上觀《詩》《書》，下考《春秋》及秦漢雜録，記伏犧、神農，訖秦始皇帝，爲七本紀，十六世家，三十七列傳，謂之《古史》。追録聖賢之遺意，以明示來世，至於得失成敗之際，亦備論其故。嗚呼！由數千歲之後，言數千歲之前，其詳不可得矣。幸其猶有存也，而或又失之，此《古史》之所爲作。

資治通鑑

皇朝端明殿學士司馬光，治平中受詔編集歷代君臣事迹，許自選辟官屬，於崇文院置局。熙寧初，神宗皇帝御製序，賜名《資治通鑑》，命經筵進讀。及光補外，聽以書局自隨。元豐七年，書成。上起戰國，下終五代，凡一千三百六十二年，分二百九十四卷。又略舉事目爲《目録》三十卷。參考群書，訂其同异，爲《考异》三十卷。

《資治通鑑舉要曆》八十卷。

司馬公既著《通鑑》，患其書浩大，難於易見，而《目録》第撮取精要之語，無復首尾，晚乃著是書。

《資治通鑑外紀》十卷。

皇朝劉恕撰。初司馬公受詔修歷代君臣事迹，辟恕於史局。公退居洛陽，恕歸江東，仍隸局中。嘗謂司馬遷《史記》始於黄帝，其包犧、

神農闕而不録。公爲歷代書，而不及周威烈王之前。以包犧至未命三晉爲諸侯，可爲《前紀》。本朝一祖四宗一百八年，可爲《後紀》。將俟書成，有請於公。及恕病，廢。又在遠方，不可得國書，絶意於《後紀》。乃更前紀曰《外紀》，如《國語》稱《春秋外傳》之義也。又有《目録》三卷，起包犧氏，訖周威烈王二十二年。恕字道原，京兆人。

通鑒參據書

《史記》　《前漢書》

《後漢書》　《三國志》

《晋書》　《南史》

《北史》　《齊書》

《周書》　《宋書》

《梁書》　《陳書》

《隋書》　《新舊唐書》

《宋略》　《新舊五代史》

《魏氏春秋》　《唐録政要》

《天寶故事》　《後史補》

袁宏《漢紀》　荀悦《漢紀》

《太清紀》　《十道志》

《禄山事迹》　李昊《蜀書》

高峻《小史》　《世語》

《漢武故事》　《文貞公傳録》

《天寶西幸記》　毛文錫《紀事》

《華陽國志》 《國興》
《魏文貞公故事》 《段秀實別傳》
《續漢書》 《三十國春秋》
《平陳記》 《玄宗幸蜀記》
《續漢志》 《晉春秋》
《大業略記》 《梁功臣列傳》
《薊門紀亂》 《東觀記》
《十六國春秋》 《通曆》
《朝野僉載》 《河洛春秋》
《收復邛州壁記》 張璠《漢記》
《職官志》 《大業雜記》
潘蘧《紀聞》 《汾陽王家傳》
《五代通録》 《漢晉春秋》
《後魏書》 《隋季革命記》
《宜都内人傳》 《顔氏行狀》
《閩中實録》 《九州春秋》
《玉泉子聞見録》 《河洛行年記》
《陳氏別傳》 《李太尉南行録》
《王氏啓運圖》 《紀年通譜》
《通典》 《創業起居注》
張彰《耆舊傳》 《會稽録》
《嘉號録》 《燕書》

《貞觀政要》　《狄梁公傳》
句延慶《耆舊傳》　《勤王録》
《山陽公載記》　《修文殿御覽》
《壺關録》　《松窗雜録》
徐鉉《吴録》　《九國志》
胡冲《吴曆》　《獻帝起居注》
《唐曆》　《景龍文館記》
《十國紀年》　《馬氏行年記》
《英雄記》　《前凉録鈔》
《太宗勛史》　《開天傳信記》
《咸通解圍録》　王皞《大定録》
《江表傳》　《後魏序紀》
《革命記》　《升平源》
《唐年補録》　《湖湘馬氏故事》
《獻帝春秋》　《十六國春秋録》
《唐朝年代記》　《次柳氏舊聞》
《續寶運録》　華嶠《譜叙》
《唐統紀》　《明皇雜録》
《北夢瑣言》　《金鑾密記》
《御史臺記》　《閩録》
《唐餘録》　《歷代年號》
《集賢注記》　《見聞録》

《劉氏興亡録》 韋曜《吴書》
劉餗《小説》 虞喜《志林》
《編遺録》 孫盛《雜語》
《伽藍記》 《唐會要》
《五代會要》 《妖亂志》
《寰宇記》 《吴録》
《三國典略》 《唐聖運圖》
《鮮于仲通碑》 《吴越備史》
《虜庭雜記》 徐鉉《江南録》
《陷蕃記》 《貞陵遺事》
谷況《燕南記》 《續牛羊日曆》

《五代史闕文》 《洛中紀异》
《王貴妃傳》 《劇談》
錢易《家語》 《啓國實録》
《正閏位曆》 《五代史補》
《西南備邊録》 《備史遺事》
《晋陽見聞録》 《玉堂閑話》
《興元聖功録》 《開成紀事》
《忠懿王勛業志》 《兩朝獻替記》
《戊申英政録》 《三楚新録》
《雲南别録》 《何氏姓苑》
《續貞陵遺事》 《唐年小録》

《金華子雜編》　《甘露記》
《錢氏慶系圖譜》　《韋奉天録》
《常侍言旨》　林恩《補國史》
皮光業《見聞録》　《家王故事》
《奉天記》　《劉展紀亂》
《李絳論事》　《唐闕文》
《貢奉録》　《上清傳》
《蒲山公傳》　《後唐懿祖紀年録》
《唐末泛聞録》　《因話録》
《建中實録》　《會昌一品集》
《北蕃君長録》　《南唐近事》
《唐諫諍集》　《鄴侯家傳》
《唐末見聞録》　《東觀奏記》
《江表志》　《牛羊日曆》
《雲溪友議》　《唐列聖實録》自高祖至昭、哀，凡二十世。
《叙訓》　《邠志》
《皇華四達記》　《彭門紀亂》
《河南記》　《平剡録》
《長曆》　《鶯聽録》
《南詔録》　《韓愈集》
《李白集》　《白居易集》
《杜牧集》　《張九齡集》

《陳子昂集》　《獨孤及集》

《劉琨集》　《高郢集》

《鄭畋集》　《顧況集》

《賈至集》　《柳宗元集》

《大中制集》　《先賢行狀》

馮涓《大廳壁記》　《蜀德政碑》

《吴融生祠堂碑》　《陳子昂德政碑》

《何進滔德政碑》　《鄭畋行狀》

《征天賦》　《武威王廟碑》

真宗初命編修君臣事迹，謂輔臣曰：『宴享一門所録唐中宗宴飲韋庶人等，預會和詩，與臣僚馬上口摘含桃事，皆非禮也，已令削之。』

又曰：『所編事迹，蓋欲垂爲典法，异端小説，咸所不取。』編修官上言：『近代群臣自述楊歷，如李德裕《文武兩朝獻替記》、李石《開成承詔録》、韓偓《金鑾密記》之類。又有子孫述先德，叙家世，如李繁《鄴侯傳》《柳氏序訓》《魏公家傳》之類。隱己之惡，攘人之善，並多溢美，故匪信書。又僭僞諸國，各有著撰，如《僞吴録》《孟知祥實録》之類，自矜本國，事或近誣。其上並所不取。其餘《三十國春秋》《河洛記》《壺關録》之類，多是正史已有；《秦記》《燕書》之類，出自僞邦；商芸《小説》《談藪》之類，俱是談諧小事；《河南志》《邠志》《平剡録》之類，多是故吏賓從述本府戎師征伐之功，傷於煩碎；《西京雜記》《明皇雜録》，事多語怪；《奉天録》尤是虚詞。盡議採收，恐成蕪穢。』從之。書成，賜名《册府元龜》，所遺既多，亦失明白。如司馬公《通鑑》則不然，

今人但以爲取諸正史，予嘗窮極《通鑑》用工處，固有用史、用志傳、或用他書萃成一段者，則其爲功切矣，其所採取亦博矣。乃以其所用之書，隨事歸之於下，凡七年而後成。《通鑑》中所引援二百二十餘家。試以唐一代言之，叙王世充、李密事用《河洛記》；魏鄭公諫争用《諫録》；李絳議奏用《李司空論事》；睢陽事用《張中丞傳》；淮西事用《涼公平蔡録》；李泌事用《鄴侯家傳》；李德裕太原、澤潞、回鶻事用《兩朝獻替記》；大中吐蕃尚婢婢等事用林恩《後史補》；韓偓鳳翔謀畫用《金鑾密記》；平龐勛用《彭門紀亂》；討裘甫用《平剡録》；紀畢師鐸、呂用之事用《廣陵妖亂志》，皆本末粲然，則雜史、瑣説、家傳，豈可盡廢？今録於前，使觀者知其功力如此，不敢率於展卷也。

史略卷五

霸史

霸史一

《十六國春秋略》《三十國春秋》及《春秋鈔》《戰國春秋》附《春秋彙》，其外瑣陋者二十餘家不録。

《華陽國志》十二卷。晋常璩，志巴、漢風俗，公孫以後據蜀事。

《漢之書》十卷。常璩撰。

《蜀李書》十卷。

《漢趙書》十卷。和苞撰。

《趙書》二十卷。僞燕長史田融，載石勒事。

《燕書》二十卷。僞燕尚書范亨，記慕容雋事。

《南燕録》五卷。范亨撰，記慕容德事。

《南燕録》六卷。僞燕中書郎王景暉撰。

《秦書》裴景仁，載符朗過江事，《隋志》《唐志》皆無之，見劉孝標注《世説》。

《秦書》三卷。何仲熙撰，記符健事。

《符朝記》一卷。田融撰。

《秦記》十一卷。宋殿中將軍裴景仁撰。

《秦記》十卷。魏尚書姚和都，記姚萇事。

《凉記》八卷。僞燕僕射張諮，記張軌事。

《凉書》十卷。僞凉中郎劉昞，記張軌事。

《凉記》十卷。僞凉著作佐郎殷龜龍，記吕光事。

《凉書》十卷。高道遜撰。

《凉書》十卷。沮渠國史。

《托跋凉録》十卷。

《敦煌實録》十卷。劉昞撰。

《吐谷渾記》二卷。宋新亭侯段國撰。

《鄴洛記》十卷。

霸史二

《吴越史》十卷。皇朝范坰、林禹撰。

《吴録》二十卷。徐鉉，記楊行密據淮南，迄楊溥。

《淝上英雄小録》僞吴信都鎬，記楊行密起廬州，入廣陵，將吏五十人。

《江南録》十卷。徐鉉，記江南李氏三主事。

《江南别録》四卷。陳彭年撰。

《江表志》三卷。鄭文寶撰。

《江南野史》二十卷。龍衮撰。

《吴唐拾遺録》十卷。許氏撰。

《南唐近事》二卷。鄭文寶撰。

史部卷五

霸史

霸史一

《華陽國志》

《蜀李書》

《趙書》　《燕書》

《南燕錄》

《秦書》　《秦書》

史部

《秦記》

《燕書》

《燕書》　《涼書》

《敦煌實錄》

霸史二

《吳錄》

《江南錄》　《江南別錄》

《江表志》　《江南野史》

《南唐近事》

《前蜀紀事》二卷。僞蜀毛文錫，記王建釆僭號前事。　《前蜀書》四十卷。僞蜀李昊撰，記王氏本末。

《後蜀實録》八十卷。李昊，記孟昶事。　《蜀檮杌》十卷。張唐英撰。

《三楚新録》三卷。皇朝周羽冲，記湖南馬商、周行逢、荆南高季興事。　《荆湘近事》十卷。陶岳撰。

《閩中實録》十卷。蔣文懌，記王氏據閩盡留從效李仁達事，惟不及陳洪進。

《十國紀年》四十三卷。劉恕，紀五代十國事。　《九國志》四十九卷。曾顔，記五代事。

晋自永嘉之亂，皇綱失統，九州君長，據有中原，腥膻之風，薰浸河、洛。其間或奉正朔，或竊名位，人自爲國，螽聚棋分。國有其臣，各思記載，録其鼇疆樹長之自，詳其立事用人之經，亦足以待考稽，知本末。後魏剗夷諸國，據有嵩華，乃命崔浩博採舊聞，綴述國史，諸國所纂，盡集秘府。爾朱之亂，往往散亡。今録其可考者。

雜史

《越絶書》十六卷。子貢撰。或曰子胥。舊有《内紀》八、《外傳》十七，今存二十篇，又載春申君，疑後人竄定，言二十篇者非是。

《春秋前傳》十卷。何承天撰。　《春秋前傳雜語》十卷。何承天撰。

《春秋後傳》三十一卷。晋著作郎樂資撰。　《魯後春秋》二十卷。劉允濟撰。

《吴越記》六卷。　《戰國策》三十二卷。劉向録。

《戰國策》二十一卷。高誘注。　《戰國策論》一卷。漢京兆尹延篤撰。

《南越志》八卷。沈氏撰。　《十二國史》四卷。

《春秋時國語》十卷。孔衍撰。　《春秋後國語》十卷。孔衍撰。

右古雜史

《楚漢春秋》　《九州春秋》並見《春秋彙》。

《史漢要集》　《漢末英雄記》十卷。王粲撰。

《後漢雜事》十卷。　《後漢釋論》二十卷。王越客撰。

右兩漢

《魏晉世論》十卷。晉襄陽令郭頒撰。 《魏末傳》二卷。

《吕布本事》一卷。毛范撰。 《晉武平吴記》二卷。周世宗將張昭撰。

右魏晉

《宋中興事》二卷。 《宋拾遺》十卷。梁少府卿謝綽撰。

《王霸記》三卷。潘杰撰。 《宋齊語録》十卷。孔思尚撰。

《五代新記》二卷。唐張詢古，記梁、陳、北齊、周、隋事。 《金陵樞要》一卷。汪豹，記六朝事。

《齊梁事迹》一卷。 《淮海志》四卷。蕭世怡，叙梁侯景之亂。

右南北朝

《隋開業平陳記》十二卷。裴矩撰。 《隋平陳記》一卷。稱臣悦撰，亡其姓。

《大業拾遺》一卷。唐杜寶撰。 《大業略記》三卷。唐趙毅撰。

《大業拾遺録》一卷。記煬帝幸江都。 《大業雜記》十卷。杜寶撰。

《隋季革命記》五卷。唐杜儒童，記大業之亂。 《劉氏行年記》十卷。唐劉仁軌，記大業至武德河、洛寇攘事。

《朝野僉載》二十卷。唐張鷟，記周隋以來事迹。

右隋

《唐創業起居注》三卷。温大雅，記高祖起義至禪位。 《唐聖述》一卷。裴烜之撰。

《今上王業記》六卷。温大雅撰。 《太宗勛史》一卷。吴兢撰。

《高宗實迹》一卷。裴烜之撰。 《唐書備闕記》十卷。吴兢撰，起太宗至明皇。

《明皇政録》十卷。李康撰。 《明皇雜録》二卷。趙元一撰。

《天寶西幸記》一卷。温畬撰。 《幸蜀記》一卷。宋巨撰。

《開天傳信記》一卷。鄭棨撰。記開元、天寶事於傳聞。 《開元天寶遺事》六卷。王仁裕撰。

《河洛春秋》二卷。唐包諝撰，起禄山叛，訖史朝義敗。 《天寶記》十卷。

《禄山事迹》二卷。唐華陰尉姚汝能撰。
《邠志》一卷。凌準，記天寶之亂。邠府從事。
《大唐新語》十三卷。唐劉肅撰，起武德，訖大曆。
《奉天記》一卷。唐徐岱撰。
《幸奉天録》一卷。唐崔光庭撰。
《奉天録》四卷。唐趙元一撰。
《建中西狩録》十卷。張讀撰。
《文宗朝備問》一卷。
《國史補》三卷。唐李肇，記開元至長慶事。
《補國史》六卷。唐林思撰。
《逸史》三卷。大中時人所作。
《闕史》三卷。唐高彦休，記大曆以後至乾符事。
《封氏見聞記》五卷。唐封演撰。
《唐末見聞録》八卷。紀僖、昭兩朝事。
《燕南記》三卷。唐谷況撰。
《平蔡録》一卷。唐鄭澥，記李愬平吴元濟。
《平淮西記》一卷。唐路隋，記吴元濟始末。
《河南記》一卷。薛圖存，記元和中平李師道事。
《大和辨謗録》三卷。李德裕撰。
《太和記》一卷。甘露事誅鄭注等，作十八傳。
《乙卯記》李潛用，記太和乙卯李訓等甘露事。
《甘露記》二卷。
《開成紀事》三卷。記大和甘露事。
《開成承詔録》二卷。李石，記文宗朝鄭覃等奏對。
《文武兩朝獻替記》三卷。李德裕撰。
《柳氏舊聞》一卷。李德裕撰。
《唐録備闕》十五卷。僞蜀歐陽炳，記武宗、僖宗中和初事。
《上黨紀叛》一卷。
《會昌伐叛記》一卷。記李德裕相武宗，破回鶻，平劉稹。
《壺關録》三卷。韓昱，述安史之亂，李密、王世充事。
《正陵遺事》二卷。唐令狐澄撰。
《續正陵遺事》二卷。唐柳玭撰。
《平剡録》一卷。唐鄭言，記太和末擒越盗裘甫，平剡。
《太和野史》十卷。沙仲穆撰。
《東觀奏記》三卷。唐裴廷，記宣、懿、僖宗。
《彭門紀亂》三卷。唐鄭樵撰，記懿宗朝徐州龐勛叛。
《咸通解圍録》一卷。張雲，記咸通中雲南蠻寇成都。
《南楚新聞》三卷。唐尉遲樞，記寶曆至天祐時事。
《廣陵志》三卷。唐郭廷誨，記高駢鎮廣陵之亂。
《中朝故事》三卷。僞唐尉遲氏，記宣、懿、昭宗事。
《唐補記》三卷。唐程柔，記宣、懿、僖三宗事。
《雲南事狀》一卷。記唐末群臣奏議招輯雲南蠻事。
《金鑾密記》一卷。唐韓偓，記昭宗幸華州，太祖以兵圍華事。
《會稽録》一卷。記唐末越州董昌叛事。

右唐

《汴水滔天録》一卷。五代王振，記梁太祖事。《汴州記》一卷。記梁太祖鎮汴州事。

《梁太祖遺録》三十卷。梁恭翔撰。《莊宗召禍記》一卷。後漢黄彬撰。

《晉朝陷蕃記》四卷。皇朝范質等撰。《陷蕃記》四卷。范質撰。

《陷虜記》三卷。周胡嶠撰，嶠陷虜，歸記其事。《征淮録》一卷。劉仁贍事。

《入洛私書》十卷。周江文秉，記同光至顯德事。《後史補》三卷。周高若拙，記唐及五代事。

《備史》六卷。賈緯，記晉末之亂。《王氏聞見集》三卷。晉王仁裕，記前蜀事。

《皮氏聞見録》十卷。皮光業，記唐乾符至五代事。

右五代

《太史公書》所以爲助者，《左氏》《國語》《世本》《戰國策》《陸賈新語》《楚漢春秋》而已。至班固因太史公，范曄依謝承、司馬彪諸史，

豈不易哉其爲功也？靈、獻以來，天下大亂，史官失守，天下之士，老於筆削，雋於辭翰者，往往各因聞見，見諸纂修，代不乏才，争自騁騖，作者之衆蓋如此歟？司馬公《資治通鑒》，凡雜史入於整彙裁正者，凡二百二十餘家，其亦有補於史氏明矣。故並存之，甚瑣陋者不録。

七略中古書

劉向著《七略别録》二十卷，蓋向爲光禄大夫，成帝詔校經傳、諸子、詩賦所作。時步兵校尉任宏校兵書，太史令尹咸校數術，侍醫李柱國校方技。每一書已，向輒條其篇目，撮其指意，録而奏之。向卒，哀帝命向子侍中、奉車都尉歆卒父業。歆於是總群書而奏其《七略》：有《六藝略》，有《諸子略》，有《詩賦略》，有《兵書略》，有《術數略》，有《方技略》。今删其要，以備篇籍。而向所撮指要，歆復遺之。王儉作《七志》，阮孝緒作《七録》，蓋

本諸此。大凡《七略》書五百九十三家，而古之奇書爲絶少，今録三代以前書，不及一二十種。春秋以來至秦諸子雜書百餘家，不必録。有以古書爲名，而師古諸人以爲後人所作，或曰似後世語，或曰其言俗薄者，亦不録。是知秦火之厄酷矣。所謂不必録者，入《隋經籍》《唐藝文》，則又無此書矣，惜哉！

《太古以來年紀》　《黄帝曆》

《黄帝四經》　《黄帝銘》

《孔甲盤盂》　《風后》

《蚩尤》　《力牧》

《顓頊曆》　《夏殷周魯曆》

《伊尹》　《太公》

《辛甲》　《史籀》宣帝時。

《尹佚》成、康時。

東漢以來書考

班固作《漢書》，依向、歆《七略》爲《藝文志》。而范曄史後漢則無此志，非闕歟？自爾諸史，惟隋史志《經籍》，唐史志《藝文》，然經籍之盛，盛於隋極矣。作《東漢以後藝文考》。

東漢

東漢藏書在石室、蘭臺，在東觀，在仁壽閣，班固、傅毅之流掌焉。董卓之亂，獻帝西遷，所收圖書猶七十餘載。兩京亂，掃地而盡。

魏

魏採掇漢散亡之書，藏在秘書中外三閣。鄭默初作《中經》。

晉

晉既蒐聚典籍，荀勖因魏《中經》制《新簿》，總章群書，釐爲四部。甲部録六藝、小學，乙部録子、兵、術數，丙部録史記、舊事，丁部録詩賦、圖讚，凡三萬。惠、懷之亂，京華蕩覆，書閣之皮，爲之一空。東晉初，漸加收拾，李充校以勖舊簿，僅存三千卷，亦以甲乙類次。

宋

中朝遺書，既歸江左。元嘉中，謝靈運造《四部目録》，六萬四千餘卷。元徽中，王儉作《四部書目》，又作《七志》，一經典，二子，三文翰，四軍書，五陰陽，六術藝，七圖譜，而道、佛附之。書名之下，每立一傳，又有條例，載於篇首。

齊

永明中，秘書監謝朏、丞王亮造《四部書目》，書萬有八千卷。齊末，秘閣火，書亡。

梁

梁初，任昉親加彙正，聚書文德殿，卷二萬三千，釋書不録。又秘書監任昉、殷鈞制《四部目録》，數術別爲一部，是爲五部。劉遵又作《東宮四部目録》，劉孝標作《文德殿四部目録》。普通中，處士阮孝緒採宋、齊以來王公家所藏校官簿爲《七録》，一曰經典，二曰記傳，三曰子兵，四曰文集，五曰技術，六曰佛，七曰道。其於剖析，殊爲不經。元帝克平侯景，收文德殿書歸江陵，凡七萬餘卷。周師入郢，咸自焚之。

陳

陳天嘉中鳩集，考其篇録，尚多遺闕。中原戰爭，日親干戈，文教之

盛，符、姚而已。然猶有《壽安殿四部目》《德教殿四部目》，又有《承香殿五經史記目》，亦留神於此者矣。宋武入關，收其圖籍，僅四千卷。

後魏

後魏始都燕、代，南略中原，粗收書史，未能該備。孝文都洛，借書於齊，稍稍加録。爾朱之亂，又復散落。史中有《魏闕書目》一卷。

後齊

後齊都鄴，頗更搜聚，迄天統、武平間，校寫不輟。

後周

後周始基關右，書止八千卷，後增至萬卷。周武平齊，先封書府，所加舊本，纔五千卷。

隋

隋開皇三年，牛弘表請使求書，一卷賞絹一疋，校寫既畢，即還本書。陳平，經籍漸備於秘書，續補殘闕，爲正副二本，内外閣凡三萬餘卷。煬帝再録，分三品。上者軸頭紅琉璃，中者紺琉璃，下者漆軸，聚於東都觀文殿東西廂。東藏甲乙，西藏丙丁。又藏魏以來古迹名畫，於殿後起二臺，東曰妙楷臺，以藏法書，西曰寶繪臺，以藏名畫。有《四部目》二，其一開皇四年，其一八年所録。又有《大業正御書目》。

唐

隋嘉則殿書三十七萬卷。武德初有書八萬卷，重複相揉。王世充平，得隋舊書八萬卷，太府卿宋遵貴監運東都，浮舟泝河，西致京師。經砥柱覆舟，書盡沉亡。正觀中，魏徵、虞世南、顔師古繼於秘書監購天下書，選五品以上子孫工書者爲書手，繕寫藏於内庫，以宫人掌之。玄宗

命昭文館學士馬懷素爲修圖書使，與崇文館學士褚無量整比。會幸東都，乃就乾元殿東序檢校。無量建議御書以宰相宋璟、蘇頲同署，如貞觀故事。又借民間异本傳録。及還京師，遷書東宫麗正殿修書院。其後光順門外、東都明福門外，皆創集賢書院，通籍出入。既而太府月給蜀郡麻紙五千番，季給上谷墨三百三十六丸，歲給河間、景城、清河、博平兔千五百皮爲筆材。兩都各聚書四部，以甲乙丙丁爲次，列經史子集爲四庫。其本有正有副，帶帙籤，皆异色以別之。祿山之亂，尺簡不藏。元載奏以千錢購書一卷，又命苗發等使江、淮括訪。文宗時，鄭覃建言，又詔搜採，於是復全。黃巢之亂，存者又少。昭宗播遷，京城孫惟晟斂書本軍，寓教坊於秘閣。有詔還其書，命韋昌範等諸道求購。及徙洛陽，蕩然無遺矣。

本朝

本朝承五季後，書皆蕩焚。

太宗垂意收聚，秘閣崇文所儲，不及唐之盛，蓋古書益少矣。太平興國中，詔編《太平御覽》，引用僅一千六百九十種，而雜書、古詩賦不與焉。大中祥符中，姚鉉集《唐文粹》，序云『今代墳籍，略無亡逸』，考鉉所集，亦自無幾。王文康公初相周世宗，家多唐舊書。李文正公所藏亦富，至闢學館，給廩餼，以延學者。宋宣獻兼得畢文簡、楊文莊二家書，有秘府不及者。元符中，一夕燼於火。晁以道家所藏凡五世，雖不及宋氏，而校讎最爲精確。邯鄲李氏所藏亦然，政和甲午，亦火。劉壯輿家廬山之陽，自其祖凝之以來，圖書亦多，有《藏書記》，今亦不存。濮安懿王之子榮王宗綽，聚書七萬卷，宣和中，其子曾進書目。自龍圖閣、太

[illegible]十七萬[illegible]千卷，陳[illegible]七萬卷，至和中，其子宿進書目，詔[illegible]賜[illegible]，又

[illegible]山之[illegible]，自其祖[illegible]以來，圖書亦多，有《藏書記》，今亦不傳。又

[illegible]即校讎最為精審，[illegible]李[illegible]所藏亦未[illegible]收[illegible]中，亦火，劉[illegible]與家

[illegible]總所不及者。元符中，一夕燬於火。晁以道家所藏凡五[illegible]，[illegible]不及文宗

本富，[illegible]學[illegible]，皆真[illegible]，以正學者。宋本宣獻兼得畢文簡、楊文莊二家書，

[illegible]所集，[illegible]。王文康公初相周世宗，多得唐舊書。今文正公所藏

與焉。大中祥符中，[illegible]集《唐文粹》，序[illegible]，作[illegible]無[illegible]遺，今

[illegible]國中，[illegible]編《太平御覽》，引用書一千六百九十一種，而[illegible]古書[illegible]不

太宗重建收聚，秘閣崇文所藏，不及唐之盛，蓋古書益少矣。太平

本朝承五季[illegible]，書籍蕩矣。

本朝

蕩然無遺矣。

書本室，高宗[illegible]秘閣，有詔遣其書，命宰[illegible]編，及諸路

又詔搜求，於是復全。黃巢之亂，存者亦少。昭宗播遷，京城制置使孫惟晟斂

元載為相，以千錢購書一卷，又命拾遺苗發等使江淮括訪。文宗時，鄭覃侍講

為四庫。其本有正有副，軸帶帙簽，皆異色以別之。安祿山之亂，尺簡不藏。

平定[illegible]，[illegible]。兩都各聚書四部，以甲乙丙丁為次，列經史子集

蜀[illegible]五千卷，[illegible]二百二十六[illegible]

[illegible]門外，[illegible]書院，通[illegible]人[illegible]太[illegible]

[illegible]又[illegible]本[illegible]錄，及[illegible]書[illegible]宋[illegible]王[illegible]書院，其

[illegible]秘[illegible]校[illegible]書以[illegible]相[illegible]同[illegible]

命昭文館學[illegible]圖書[illegible]，與崇文館[illegible]比。會[illegible]

清樓、玉宸殿、宣和殿，以及崇文三館所儲，盡歸於燕，幸僅存耳。

歷代史官目

《史記》、班《漢》已來，秉史筆者，盡知其人矣。東漢有若陳宗、尹敏、伏無忌、邊韶、崔寔、馬日磾、蔡邕、盧植、司馬彪、華嶠、范曄、袁宏。

國志有若衛覬、繆襲、應璩、王沈、傅玄、韋曜、薛瑩、華覈、陳壽。

晉洛京史有若陸機、束晳、王詮、詮子隱。

晉史有若鄧粲、孫盛、王韶之、檀道鸞、何法盛、臧榮緒。

宋史有若何承天、裴松之、蘇寶生、沈約、裴子野。

齊史有若周興嗣、鮑行卿、何之元、劉璠。

陳史有若顧野王、傅縡、陸瓊、姚察、察子思廉。

十六國史有若崔鴻。

魏史有若鄧淵、崔浩、浩弟覽、高允、張偉、劉模、李彪、邢巒、温子昇、魏收。

北齊史有若祖孝徵、陸元規、陽休之、杜臺卿、崔子發、李德林、林子百藥。

後周史有若柳虯、牛弘、令狐德棻、岑文本。

隋書有若王劭、王胄、顏師古、孔穎達、于志寧、李延壽。

唐書有若温大雅、魏鄭公、房梁公、長孫趙公、許敬宗、劉胤之、楊仁卿、顧胤、牛鳳，及劉子玄、朱敬則、徐堅、吴兢。

劉勰論史

昔者夫子愍王道之闕，傷斯文之墜，静居以嘆鳳，臨衢而泣麟。於是就大師以正《雅》《頌》，因魯史以修《春秋》，舉得失以表黜陟，徵存

謂：王宸殿、宣和殿，以及崇文三館所藏，盡歸秘府，[illegible]

歷代史官目

《史記》、班《漢》已來，其史筆者，盡知其人矣。東漢有若陳宗、尹

敏、伏無忌、邊韶、崔寔、馬日磾、蔡邕、盧植、司馬彪、華嶠、范曄、袁宏。

國志有若衛覬、繆襲、應璩、王沈、傅玄、韋曜、薛瑩、華覈、陳壽。

晉洛京史有若陸機、束晳、王銓、王隱。

晉史有若謝靈運、孫盛、王韶之、檀道鸞、何法盛、臧榮緒。

宋史有若何承天、裴松之、蘇寶生、沈約、裴子野。

齊史有若周興嗣、鮑行卿、何之元、劉璠。

陳史有若顧野王、傅縡、陸瓊、姚察、察子思廉。

十六國史有若崔鴻。

魏史有若鄧淵、崔浩、浩弟覽、高允、李彪、劉模、李琰、溫子

昇、魏收。

北齊史有若祖孝徵、陸元規、楊休之、杜臺卿、崔子發、李德林、林

子百藥。

後周史有若柳虯、牛弘、令狐德棻、岑文本。

隋書有若王劭、王胄、顏師古、孔穎達、于志寧、李延壽。

唐書有若溫大雅、魏鄭公、房梁公、長孫趙公、許敬宗、劉胤之、楊

仁卿、顧胤、牛鳳及、劉子玄、朱敬則、徐堅、吳兢。

劉勰論史

昔者夫子閔王道之闕，傷斯文之墜，靜居以歎鳳，臨衢而泣麟。於

是就大師以正《雅》《頌》，因魯史以修《春秋》，舉得失以表黜陟，徵存

亡以標勸戒。然叡旨幽秘，經文婉約，丘明同耻，實得微言，乃原始要終，創爲傳體。傳者，轉也。轉授經旨，以授於後。實聖文之羽翮，記籍之冠冕也。及至縱横之世，史職猶存。秦併七王，而戰國有策，蓋録而不序，故即簡爲名也。漢滅嬴、項，武功積年，陸賈稽古，作《楚漢春秋》。爰及史談，世惟執簡。子長繼志，甄序帝績，比堯稱典，則位雜中賢，法孔題經，則文非元聖，故取式《吕覽》，通號曰紀。紀綱之號，亦宏稱也。故本紀以述皇王，列傳以總侯伯，八書以鋪政體，十表以譜年爵，雖殊古式，而得事序焉。爾其實録，無隱之旨，博雅弘辯之才，愛奇反經之尤，條例踳落之失，叔皮論之詳矣。及班固述漢，因循前業，觀史遷之辭，思實過半。其十志該富，讚序弘麗，儒雅彬彬，信有遺味。至於宗經規聖之典，端緒豐贍之功，遺親攘善之罪，徵賄鬻筆之愆，公理辯之究矣。至於後漢紀傳，發源東觀，袁、張所制，偏駁不倫；薛、謝之作，疏謬少信，若司馬彪之詳實，華嶠之準當，則其冠也。及魏代三雄，記傳並出，《陽秋》《魏略》之屬，《江表》《吴録》之類，或激抗難徵，或疏闊寡要。惟陳壽三志，文質辯洽，荀、張比之於遷、固，非妄譽也。至於晋代之書，繁乎著作。陸機肇始而未備，王韶續末而不終。干寶述紀，以審正明序；孫盛《陽秋》，以約舉爲能。案《春秋》經傳，舉例發凡，自《史》《漢》以下，莫不準約。至鄧粲《晋紀》，始立條例，又擺落漢、魏，憲章殷、周，雖湘川曲學，亦有心放典、謨。及安國立例，乃鄧氏之規焉。又曰傳紀爲式，編年綴事，文非泛論，按實而書，歲遠則同异難密，事積則起訖易疏，斯固總合之爲難也。或有同歸一事，而數人分功，兩紀則失於複重，偏舉則漏於不周，此又銓配之未易也。故張衡摘《史》、班之舛濫，傅玄譏《後

漢》之尤煩，皆此類也。若夫追述遠代，代遠多僞。公羊高云傳聞异詞，荀悦稱録遠略近，蓋文疑則闕，貴信史也。然俗皆愛奇，莫顧理實，傳聞而欲偉其事，録遠而欲詳其迹，於是弃同即异，穿鑿傍説，舊史所無，我書則傳，此訛濫之本源，而述遠之巨蠹也。至於記編同時，時同多詭，雖定、哀微詞，而世情利害，勛榮之家，雖庸夫而盡飾，屯眨之士，雖令德而蚩埋，吹霜照露，寒暑筆端，此又同時之枉論，可爲嘆息者也。故述遠則誣矯如彼，略近則回邪如此，析理居正，唯懿士心乎！

史略卷六

山海經

《山海經》，二十三卷，郭璞所注。又有《山海圖贊》二卷，《山海圖音》二卷。又有《山海經圖》十卷，舒雅等所修也。本朝人。按《越絶書》，禹治水，巡行天下，所歷山川，命伯益記之，遂爲《山海經》。世或以其書爲荒异。然考酈道元注《水經》，凡山川譎异之事，必以《山海經》爲據。郭璞之言曰：『古者皇聖原化以極變，物以應怪，鑒無稽賾，曲盡幽情，神焉廋哉，神焉廋哉！』此書歷載三千，暫顯於漢。蓋武帝時，有獻异方鳥，不知何以飼之，東方朔既言其名，又言其食。帝問何以知之，曰：『《山海經》所出也。』又宣帝時，擊磻石於上郡，陷得石室，其中有反縛盗械之人。劉向曰：『此貳負之臣也。』帝問何以知之，以《山海經》對，其辭曰：『貳負殺窫窳，帝乃梏之疏蜀之山，桎其右足，反縛其兩手。』上大駭。於是人多奇《山海經》。其後東方朔作《神异經》，張華箋之。華曰：『方朔周旋一作巡。天下，所見神异，《山海》所不載者列之，有而不具其説者列之。』謂《山海經》也。陶淵明有《讀山海經》詩：『泛覽周王傳，流觀《山海圖》。俯仰終宇宙，此樂復何如？』

世本

《世本》十五篇，古史官記黄帝以來訖春秋帝王公卿諸侯大夫譜係，太史公因之以作《史記》者。是後《世本》凡三：其一曰《世本》，劉向所作者，二卷。其一亦曰《世本》，宋衷所作者，四卷。其一曰《帝譜世本》，宋均所作者，七卷。又有《世本王侯大夫譜》二卷，《世本譜》

二卷，王氏注。按《世本》叙歷代君臣世系，是書不復見，猶有傳者，劉向、宋衷、宋均三家而已。予閲諸經疏，惟《春秋左氏傳疏》所引《世本》者不一，因採掇彙次爲一書，題曰《古世本》。周益公在西府，聞予有此，面借再三，因録本與之。益公一見曰：『天下奇書，學者雋功也。』予因曰：『劉孝標注《世説》，引摯氏《世本》，蓋叙摯氏世家。今人欲系譜諜，依摯氏法，名之曰某氏《世本》，殊爲古雅。』益公曰：『此説尤新奇。』

三蒼

三蒼者，《蒼頡》一篇，上七章，秦丞相李斯作；《爰歷》六章，車府令趙高作；《博學》七章，太史令胡毋敬作。文字多取《史籀篇》，而篆體復頗异，所謂秦篆者也。按《史籀》十五篇，周宣王太史作大篆十五篇，與孔氏壁中古文亦异體，建武時亡矣。然是時已建隸書，宋景文公云：『建』字當作『造』字。然『建』字政自奇。起於官獄多事。苟趨省易，施之於徒隸也。漢興，書師合《蒼頡》《爰歷》《博學》三篇，斷六十字以爲一章，凡五十五章，并爲《蒼頡篇》。武帝時，司馬相如作《凡將篇》，無復字，師古曰：『復，重也。』元帝時，黄門令史史游作《急就篇》，成帝時，將作大匠李長作《元尚篇》，皆《蒼頡》中正字也。《凡將》則頗有出矣。元始中，徵天下通小學者以百數，各令記事於庭中。揚雄作《訓纂篇》，順續《蒼頡》，又易《蒼頡》中重複之字，凡八十九章。班固續揚雄作十三章，凡一百二章。《蒼頡》多古字，俗師失其讀，宣帝時，徵齊人能正讀者，張敞從受之，傳至外孫之子杜林，爲作訓故。此孟堅所謂通知古今文字者歟？惟唐李善好援引，間見於《文選注》。師古《注漢書條例》亦曰『旁究《蒼》《雅》』，所用尚矣。

漢官

《漢官》不知何人作，應劭所注。（舊五卷，今存其一。） 王隆有《漢官解詁》三卷，胡廣所注，（隆字文山，漢新汲令。）正訓舊《漢官》也。按《後漢書・百官志》云：『周公作《周官》，分職著明，法度相持，王道雖微，猶能久存。所以觀周室牧民之德。王隆作《小學漢官篇》，諸文倜說，較略不究。』胡廣云：『隆《漢官篇》，略道公卿内外之職，旁及四夷，博物條暢，多所發明，足以知舊制儀品。』按應劭有《漢官儀》，又有《漢官鹵簿圖》，又有《漢官儀注》，又有《漢官名秩》。蔡質有《漢官典儀》，其言儀者，多涉故事，往往如衛宏《漢舊儀》者也。（舊四卷，今有三卷。） 《後漢書・百官志》注引《漢官目録》，亦爲奇書。其後丁孚有《漢官儀式》，荀攸有《魏官儀》，王珪之有《齊職官儀》，梁有《職制儀注》，視《漢官》簡繁殊不侔。唯郭演有《古今百官注》十卷，最爲嚴整。予以孟堅《百官公卿表》載漢官無統緒，嘗作《漢官》，殊有條理。

二

安帝時，越騎校尉劉千秋校書東觀，好事者樊長孫與書曰：『漢家禮儀，叔孫通所草創，皆隨律令在理官，藏於几閣，無記録者，久令二代之業，暗而不彰。誠宜撰次，依擬《周禮》，定位分職，各有條序。』劉君然其言，與邑子通人郎中張平子參議未定，而遷爲宗正、衛尉。至順帝時，平子爲侍中典校書，方作《周官解説》，乃欲以次述漢事，莫能立。予所集《漢官》，正與長孫、平子之意合。

三

《後漢書・百官志》注，引援皆古書、奇書，特爲精絶。

水經

《水經》三卷，漢中大夫桑欽撰，後魏酈道元注，爲四十卷。道元，范陽人，仕魏爲吏部尚書。是蓋李延壽父太師公所謂『南人謂北爲索虜，北人謂南爲島夷』者。其史於本國詳，他國略。初未嘗盡歷南地，而所載南事，特爲精確。而又續業閎闊，辭義峻拔，凡所援引，多前史所遺。魏收稱其歷覽奇書，是固有得於此乎？道元之言曰：『《大傳》曰：大川相間，小川相屬，東歸於海。脉其枝流之吐納，診其沿路之所纏，訪瀆搜渠，緝而綴之。經有謬誤者，考以附正。文所不載，非經水常流者，不在記注之限。』蓋《水經》粗綴津渚，而闕傍通，此尋圖訪蹟，道元之所以爲功乎？按《唐·藝文》云：『桑欽，一作郭璞撰。』又《鄭氏書略》以爲郭璞注。然道元所箋略不援引郭璞，則知爲桑欽書也。唐李吉甫有《刪水經》十卷，是難乎刪矣。晋僧道安有《水記》，記四海川水源。虞仲雍有《江記》《漢記》，其援引考訂，皆不可及此。

竹書

《穆天子傳》一卷。《周書》十卷，《古文瑣語》四卷。

晋太康二年，汲郡民不准盜發魏襄王冢，得古竹簡書。帝命荀勖、和嶠撰次爲十五部，八十七卷，以爲《中經》，列在秘書。然雜以怪妄之說。其紀年專用夏正，載三代事而不及它國，但紀晋、魏間事，終之哀王，蓋魏之史記也。按襄王即魏惠成王之子靈王也，《世本》以爲襄王。又按《史記·六國年表》，自靈王二十一年，至秦始皇三十四年燔書之歲，八十六年。至太康二年初得此書，凡五百七十九年。杜預於《左氏傳》之末，嘗考其不合於《經》《傳》者數事。劉知幾《史通》乃言《汲冢紀年》載春秋事，多與《左氏》同。又郭璞注《山海經》，以爲《穆天子傳》載穆王饗西王母於瑶池之上，與《竹書》同。璞又言『《竹書》不出，則《山

海經》幾廢』。則知《竹書》所載怪妄者，必有合於《山海經》者，初在《隋目》八十七卷，是猶皆存。至《唐·藝文志》、吴兢《西齋書目》，僅十四卷耳。知幾又曰：『汲冢所得，尋即亡逸。』然則摯虞、束晳既嘗據引，荀顗又嘗參訂，杜預之所引用，干寶之所稽法，則是書不爲不古矣。不秖是也，師古稱臣瓚所注《漢書》，喜用《竹書》。《隋志》有《竹書同异》一卷。按荀勖所考古尺，其簡長二尺四寸，以墨書，一簡四十字。時勖爲中書監，同第録者中書令和嶠、秘書主書令史、秘書校書中郎張宙、郎中傅瓚。瓚即師古注《漢書》所引『臣瓚』者也。時所書，用二尺黄紙。

穆天子傳 一卷。《竹書》内書。李氏《邯鄲書目》云六卷，必是字誤。

按《左氏傳》『穆王欲肆其心，周行天下，將皆有車轍馬迹焉』。此書所載，即其事也。穆王得盜驪、緑耳之乘，造父爲御，以觀四荒，西絶流沙，西登崑崙，與《太史公記》合。《竹書》所傳《穆天子傳》六卷，所歷怪奇，亦幾於《山海經》者，雖多殘闕，皆是古書。

周書 十一卷。《竹書》内書。

晋孔晁注。此書以爲孔子删採之餘，凡七十篇。今如馬揔《意林·例篇》，摘一二語，可見其删書之餘者也。

《度訓解》，『立中以補損，補損以知足。』《命順解》，『權以知始，始以知終。』《當順解》，『天有常性，人有常順。』《文酌解》，『民生有欲，有惡，有哀，有德，有則。』《糴疰解》，『有道，故國用足。』《武稱解》，『大國不失其威，敵國不失其權。』《允文解》，『思静鎮勝，允文維紀。』《大母解》，『武有六制：政、攻、侵、代、搏、戰。』《大明武解》，『思嚴大武，曰維四方。』《小明武解》，『必得地勢，以順天時。』《大匡解》，『維周王宅程三年，遭天之大荒。』注曰：『程在岐州左右。』《程典解》。『維三月，既生魄，文王合六國之諸侯，奉勤於商。』

《程寤》《泰陰》《九間》《劉法》《文開》《保開》《八繫》，以上篇逸。

《酆保》,「維二十三祀庚子朔,九州侯咸格于周。」《大開》,「維王三月,既生魄,王在酆」。《小開》,「維三十有五祀,王念曰:『余聞在昔曰。』」

《文儆》,「維文王告夢,懼後嗣之無保,召太子發曰:『嗚呼,吾語汝所保所守,守之哉。』」《柔武》,「維王元祀一月,既生魄,王召周公旦曰:『嗚呼!維在文考之緒功,維周禁五戎,五戎不禁,厥民乃淫。』」《大武開》,「維王一祀十有二月,王在酆,聞密命,訪于周公旦,曰:『嗚呼,余夙夜維商,密不顯誰和,若歲之有秋。今余不獲其落,若何?』周公曰:『茲在德敬右周,其惟天命,王其敬命。』」《小武開》,「維王二祀一月,既生魄,召周公旦曰:『嗚呼!余夙夜忌商,不知道極敬聽,以勤天下。』周公拜手稽首曰:『在昔文考,順明三極,躬是四察,循用五行,戒視七順,順道九紀。』」《寶典解》,「維王三祀二月丙辰朔,王在鄗,召周公旦曰:『嗚呼,敬哉!朕聞曰:何修非躬,何擇非人?』又曰:『維子孫之謀,寶以爲常。』」《酆講解》,「維王二祀,王在酆,謀言告聞。王召周公旦曰:『嗚呼!傷商其成辜,維日望見功謀言多信,今其如何?』」《寤敬解》,「維四月朔,王告儆,召周公旦曰:『嗚呼,謀泄哉!今朕有商驚,予憂其深矣。』」《武順解》,「天道尚右,日月西移;地道尚左,水道東流;人道尚中,耳目役心。」《武穆解》,「曰若稽古,曰昭天之道,熙帝之載,揆民之任。」《和寤解》,「王乃出圖商,至于鮮原,召召公奭、畢公高,王曰:『嗚呼!敬之哉!無競維人,人惟允忠,惟事惟敬,小人難保。』」《武寤解》,「王赫奮烈,八方咸發。」《克殷解》,「周車三百五十乘,陣于牧野。武王使師尚父、伯夫致師。王既戎車,武賁馳商師,商師大崩。」《文匡解》,「惟十有三祀,王在管。管叔、蔡叔泉商之監,東隅之侯,咸受賜于王。」《文政解》,「維十有三祀,在管。」《大聚解》,「惟武王勝殷,撫國綏民,乃觀於殷政。」《世浮解》,「維四月有乙未,武王成辟四方,通殷命有國。」《箕子》《考德》二篇,逸。《商誓》,「王若曰若,殷之舊官。」《度邑》,「維王克商,邑君諸侯及厥民,茲日度邑。」《我儆》,「維十有一祀,王告夢。」《五權》,「維王不豫,于五日召周公旦。」《成開解》,「成王九年,大開告用,用周公也。」《作雒解》,「武王克殷,乃立王子禄父,俾守商祀。」《皇門解》,「正月庚午,周公格于左閎門,會群門路寢。」左門曰皇門,閎音皇。《大戒解》,「維正月,既生魄,王訪于周公。」《周月》,「維一月,既南至。」《時訓》,紀時令。《謚法解》,紀謚法。《明堂》,明堂位。《嘗麥》,「禱于周廟,嘗麥于太祖。」《本典》,「維四月既望,既生魄,王在東宮召周公旦。」《官人》,「王曰:『嗚呼!大師。』」《王會解》,朝會。《祭公解》,「王若曰『祖祭公』,周公之後。」《史記解》,「維正月,王在成周。昧爽,名三公、左史、戎夫。」《職方氏解》,「掌天下之圖。」《芮良夫解》,「芮伯若曰:予小臣良夫稽首謀告。」《太子晉解》,「晉平公使叔譽于周,見太子晉而與之言。」《玉佩解》,「王者所佩在德。」《殷説解》,「湯將放桀居中野。」《周祝解》,「擾哉民,心哉民,朕則生汝,朕則刑汝。」《武經解》,「車甲之間,有巧言令色,事不捷。」《銓法解》,「有三不遠,三不近,三不芒由。」《器服解》。「作器服,周道大備。」